JN411328

때를 알고 살아가는

시절인연
시절연인

때를 알고 살아가는

시절인연 시절연인

글 유종반 그림 김은정 박기열 이주희

책을 내면서

10년 가까이 절기를 관찰하고 공부하면서, 그리고 절기 생태 인문학 강의를 하면서 어떻게 좀 더 쉽게 절기를 이해하게 할 수 있을까 고민하였습니다. 그래서 절기 때마다 만나는 자연 생명이나 절기 현상에 대한 시 형식의 글을 짓게 되었습니다. 절기 인문학책인 『때를 알다 해를 살다』를 출간하고 절기 강의 때 절기에 맞는 시들을 함께 소개하였습니다. 그때마다 여러분들이 책으로 내었으면 좋겠다고 하여 절기 인문학 공부를 위해 출간하게 되었습니다.

이 책에 실린 절기 시들은 절기마다 만난 시절인연에 대한 시절연인의 생각을 모은 글이며, 그리고 절기살이와 생명살이를 성찰하면서 쓴 글입니다.

이 책은 "절기란 무엇인가? 절기마다 만난 자연 생명은 나에게 어떤 의미가 있는가? 자연을 어떻게 바라볼 것인가? 어떻게 살아야 절기에 맞는 삶인가? 생명을 지닌 존재로서 함께 살아가는 아름다운 삶은 어떤 것일까?" 이러한 질문에 이정표와 같은 역할을 했으면 합니다.

2024년 여름 드는 입하절기에
초록지렁이

목차

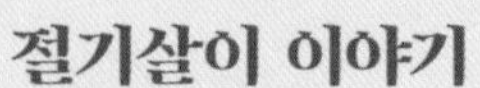

절기살이 이야기

생명살이 이야기

절기살이 이야기

절기살이

봄살이

여름살이

가을살이

겨울살이

절 기 살 이

자연이 아름다운 것은 1

자기를 주장하지 않기 때문이요
자기를 내세우지 않기 때문이요
자기를 고집하지 않기 때문이지요

머물기보다 스스로 물러나기 때문이요
집착하기보다 스스로 내어주기 때문이요
쌓아두기보다 스스로 비워내기 때문이지요

자연이 아름다운 것은 2

자연이 아름다운 것은
있는 그대로 자연스럽게 살아가고 있기 때문이요

자연이 아름다운 것은
타고난 그대로 자기를 잃지 않고 살아가고 있기 때문이요

자연이 아름다운 것은
홀로 살아가지만 더불어 살아가고 있기 때문이요

자연이 아름다운 것은
자기대로 살아가지만 한 몸으로 살아가고 있기 때문이요

자연이 아름다운 것은
욕심과 집착 없이 매순간 최고로 살아가고 있기 때문이요

자연이 아름다운 것은
어디에도 머물지 않고 늘 새롭게 살아가고 있기 때문이지요

무위자연

봄은 따스한 햇살로 추위 녹이고
아름다운 꽃 피워 제 열매 만들었음에도
자기 아름다움으로 자랑하지 않고
무심하게 여름으로 넘기지요

여름은 뜨거운 햇볕 세찬 비바람으로
제 열매 제 모습으로 잘 키웠음에도
자기 능력이라 내세우지 않고
미련 없이 가을로 넘기지요

가을은 부드러운 햇살과 찬이슬 머금고
알차고 맛있게 열매 익혔음에도
자기 바구니에 그대로 담지 않고 나누며
아쉬움 없이 겨울로 넘기지요

자연은 제때 제 할 일 다 하고
소유하려거나 집착하지 않기 때문에
영원히 사라지지 않고
늘 스스로 그러할 수 있는 것이지요

절기 살이

겨울 절기에는
매서운 추위로
씨앗생명력 응축시켜
자기 열매 꿈꾸지요

봄 절기에는
따뜻한 햇볕으로
예쁜 꽃 피워
자기 열매 만들지요

여름 절기에는
뜨거운 더위로
제 모양 크기대로
자기 열매 키우지요

가을 절기에는
찬 이슬 서리로
자기 열매 잘 익혀
함께 나누지요

때가 묻는다

겨울이 묻지요
겉치레 벗어놓고 찬 골방에서 고독으로
네 생명씨앗 힘차게 잘 그리고 있냐고

봄이 묻지요
제때 생명씨앗 심고 꽃피워
네 열매 제대로 잘 만들고 있냐고

여름이 묻지요
초록잎에 뜨거운 햇살 가득모아
네 열매 제 모양 제 크기대로 잘 키우고 있냐고

가을이 묻지요
제 빛깔 제 맛 제 향기대로
네 열매 맛있게 잘 익혀 나누고 있냐고

그대는 듣고 있나요

그대는 듣고 있나요
봄과 여름이 가을과 겨울이 자기 때마다
그대에게 묻고 있는 이야기들이 무엇인지

그대는 듣고 있나요
해와 달이 비와 바람이 자기 때마다
그대에게 묻고 있는 이야기들이 무엇인지

그대는 듣고 있나요
이슬과 서리가 눈과 얼음이 자기 때마다
그대에게 묻고 있는 이야기들이 무엇인지

그대는 듣고 있나요
새싹과 잎이 꽃과 열매가 자기 때마다
그대에게 묻고 있는 이야기들이 무엇인지

그대는 듣고 있나요
벌레와 개구리가 새와 들짐승들이 자기 때마다
그대에게 묻고 있는 이야기들이 무엇인지

그대는 알고 있나요
그대에게 묻는 이야기의 답이 무엇인지
그대가 답한 그 이야기대로 살고 있는지

올해도 어김없이

개구리 하품하지 않으면 봄 오지 않고요
벚꽃 흐드러지게 피지 않으면 봄 아니지요

밤꽃 야릇한 향을 내뿜지 않으면 여름 오지 않고요
매미 떼합창 소리를 내지 않으면 여름 아니지요

뭉게구름 두둥실 떠오르지 않으면 가을 오지 않고요
기러기 줄지어 찾아오지 않으면 가을 아니지요

길가 낙엽 뒹굴지 않으면 겨울 오지 않고요
동장군 칼끝 날카롭지 않으면 겨울 아니지요

올해도 어김없이
개구리는 봄 부르고 벚꽃은 봄 단장하였지요

올해도 어김없이
밤꽃은 여름 풍기고 매미는 여름 소리 내었지요

올해도 어김없이
뭉게구름은 가을 태워 왔고 기러기는 가을 내려놓았지요

올해도 어김없이
낙엽은 겨울 속삭였고 동장군은 겨울 호령했지요

언제까지 일까요
언제까지 일까요

제때 제 소리 드러낼 날들이
제때 제 모습 드러낼 날들이

통通

모든 생명은 서로 잘 통해야 잘 살지요
생명살이는 나와 다른 생명들과
절기살이는 나와 지구 자연이
서로 잘 통하는 삶이지요

몸이 아프고 맘이 아픈 것도
이웃이 아프고 세상이 아픈 것도
뭇 생명들이 아프고 지구 자연이 아픈 것도
서로 잘 통하지 않아서이지요

삶은 관계 맺음의 연속이지요
통은 관계 맺음의 바탕이지요
통은 소통과 공감 존중과 배려 나눔과 어울림이지요
조화로운 관계 맺음으로 삶은 결실되지요

삶의 열매는 공부 수행으로 익어가지요
어떻게 하면 잘 통할 수 있을까 알아가는 것이
잘 통하기 위해 끊임없이 애쓰는 것이
올바른 삶 공부이고 참 수행이지요

우리 살아가는 동안
언제나 묻고 또 물어야 하지요
나는 너와 다른 생명들과 자연 흐름과
막힘없이 서로 잘 통하고 있는지를 말이지요

봄 살 이

봄 세우기(입춘) 전

코끝 시리도록 매서운 바람이 아직 남아 있지만
땅 봄날 시작되는 봄 세우기 바로 눈앞이네요

찬바람도 비켜 가는 햇볕 가득한 담장 아래
옹기종기 모여 앉은 봄망초 개미자리 쑥 아기잎들이
세찬 동장군 등쌀에 여린 몸 흔들며 노랗게 떨고 있네요

지난 동지 때 뿌려진 하늘 봄날 씨앗이
꽁꽁 언 땅껍질 깨고 봄기운 내려보내는
끝추위 끝나가는 일월 끝자락에
마냥 따사한 봄볕 좇는 발걸음 어찌할 수 없네요
(15. 1. 31)

봄부름비 1

똑 똑 똑
잠들었던 생명 일깨우는
봄부름비

촉 촉 촉
목말랐던 생명 적셔주는
봄부름비
(16. 2. 13)

봄맞이 즈음

봄기운 모락모락 피어오르고
부드러운 햇살 품은 봄맞이 즈음

또르르르 또르르르
쉼 없이 나무 쪼는 딱따구리들

나무속 꿈틀대던 애벌레들
가슴만 콩닥콩닥 다시 얼음땡
(17. 2. 12)

봄부름비 2

촉촉촉
촉촉촉

봄비는
촉촉하게 살라 하네요

촉촉해야
부드러워지기 때문이지요

촉촉해야
씨앗 싹 틔우고 꽃피워
열매 맺을 수 있기 때문이지요

촉촉하게
촉촉하게
(18. 2. 13)

변산바람꽃

꽁꽁 얼어붙은 땅
뜨거운 봄 그리움으로
뜨겁게 녹이고 녹여
어김없이 하얀 미소 짓는
변산바람꽃 아가씨
긴긴 겨울 마음 졸이며
당신 오기만 기다렸다지요
(18. 3. 11)

버들강아지 1

살랑살랑
때 이른 봄바람에
화들짝 놀라
갈색 모자 밀어 올린
버들강아지

뽀송뽀송
아기 엉덩이 같은
보드라운 솜털에
하얀 햇살 품은
버들강아지

콩닥콩닥
그립고 그리운
꿀벌 동무 기다리며
노란 꽃가루 방아 찧는
버들강아지

쌔앵쌔앵
갑자기 불어대는

얄미운 꽃샘바람에도
발간 얼굴로 미소 짓는
버들강아지
(20. 2. 26)

버들강아지 2

아무도 꽃얼굴 내밀지 않는
찬바람 가득한 봄샘추위에
가죽모자 살포시 벗어들고
봄소식 알리는 버들강아지

뽀송뽀송 발그레한 얼굴
하얗게 빛나는 보드라운 털
귓볼에 닿으니 온몸이 사르르
가슴 깊이 새겨진 버들강아지
(22. 2. 27)

너도바람꽃

찬 기운 가득한 이월
봄 그리움 불덩이 되어
꽁꽁 언 땅 녹여 내고

노랑꿀 가득 담아
환하게 웃고 있는
봄 천사 너도바람꽃이여
(20. 2. 26)

봄이 오면

봄햇살은
소곤소곤

개울물은
재잘재잘

풀새싹은
도란도란

겨울눈은
쿵쾅쿵쾅

내가슴은
벌렁벌렁
(17. 3. 1)

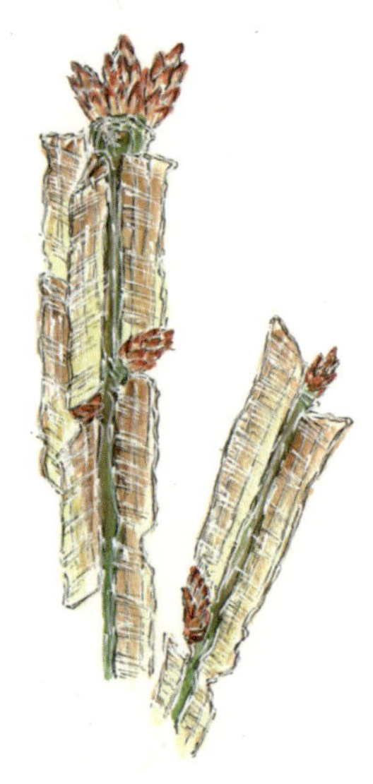

꽃샘추위

사촌이 땅 사면 배 아픈 사람들이
봄꽃 시샘하여 심술부린다고 하지만
엄하고 무뚝뚝하지만 속정 깊은 아비 같지요

좋은 시절 왔다 들떠 나대지 말라고
좋은 시절이라고 어려운 시절 잊지 말라고
힘든 시절 살듯이 늘 조심조심 살라는 말이지요
(15. 3. 6)

깨는 봄(경칩)

개구리 벌레들이
어서 깨어나야 한다고 하네요

개구리 벌레들이
정말 깨어났느냐고 하네요

개구리 벌레들이
언제나 깨어있느냐고 하네요

어떻게 해야 깨어나는 것인지
어떻게 해야 깨어난 것인지
어떻게 해야 언제나 깨어있는 것인지
묻고 또 물어야 할 경칩이지요
일생을 깨어 살아야 할 경칩이지요
(15. 3. 4)

분홍노루귀

영하로 뚝 떨어진
꽃샘추위 아침
가슴은 철렁철렁
봄은 안절부절

찍사님네 욕심으로
낙엽까지 걷어내
연한 다리 드러낸
노루귀 아가씨

낙엽 이불 덮어줄걸
분홍 꽃술 파르르
밤새 떨었을 생각에
걱정만 한가득
(20. 3. 6)

청노루귀

수줍어서 그랬을까요
태곳적 신비 청빛에 담아
현호색 무리 속에 보일 듯 말듯
그리움 한가득 홀로 피었네요
(15. 3. 31)

깨는 봄날에

또르르르르
또르르르르
딱따구리 소리

새봄 왔다고
또르르르르

어서 깨어 봄맞이하라고
또르르르르

이른 아침부터
또르르르르

산비둘기도 덩달아
구구~ 꾹꾹
(16. 3. 8)

깨어있음

우연히 태어난 생명 하나 없고
저절로 살아가는 생명 하나 없고
의미 없이 존재하는 생명 하나 없지요

그래서 하늘같지 않는 생명 없고
그래서 하늘같지 않는 삶이 없고
그래서 하늘같지 않는 존재 없지요

만나는 생명을 하늘처럼 대하고
지금 이 순간 여기에서 살아가야
참으로 깨어있는 존재이지요

나는 정말 깨어있는 존재인가요
나는 정말 깨어 살아가는 모습인가요
묻고 또 물으며 깨어야 할 봄입니다

(15. 3. 5)

봄빛

봄빛은 연둣빛이지
버드나무가 말했지요

봄빛은 노란빛이지
생강나무가 말했지요

봄빛은 분홍빛이지
진달래가 말했지요

봄빛은 하얀빛이지
목련이 말했지요

해님이 빙그레
봄빛은 햇빛이야
(20. 3. 15)

꽃피네요

꽃문
꽃상자
열리네요

꽃풍선
꽃망울
터지네요

꽃몸
꽃보자기
풀리네요
(22. 3. 15)

살구꽃

두근두근
연분홍빛

연분홍빛
봄마음빛

살구꽃은
연분홍빛

살구꽃과
살구싶어
(20. 3. 22)

봄동산에 오를 때

봄동산에 오를 때
북미 원주민들은 아이에게 속삭이듯 가르쳤지요
아이 가진 어미 배 위 걷는 듯 하라고

언 땅 녹자마자 설익은 봄바람에 눈이 맞은
냉이 꽃다지 복수초 바람꽃 노루귀
줄지어 꽃몸 풀고 봄빛 발하고 있지요

자기네 위해 꽃 피었다고
떼지어 정신없이 꽃구경에 빠진 사람들아
그 발아래 짓이겨 고개 꺾인 꽃비명소리 들어야지요

봄동산 걸음 옮길 때마다
봄꽃 생명 생사기로 서 있다는 것을
꽃 찾는 마음보다 더 앞서야 해요
(15. 3. 17)

붉은 새싹

새봄에 마른나무마다
붉은 새싹이 나오지요

아침 해처럼 붉고
가을 단풍만큼 예쁘고
아기손가락처럼 귀여운
붉은 새싹이지요

붉나무 담쟁이덩굴 찔레꽃 떡갈나무
졸참나무 사람주나무 단풍나무 …

풀과 나무 새싹만 붉은 게 아니지요
짐승 새끼도 붉게 나오고
사람 새끼도 붉게 나오지요

붉은빛은 생명 약속이고
붉은빛은 태어남이고
붉은빛은 보살핌이고
붉은빛은 생명사랑이지요
(13. 3. 20)

내 봄인가 네 봄인가

봄은 모두에게 찾아오지만
아무에게나 제 봄은 아니지요

봄이 왔으나 제 봄이 아닌 것은
봄과 한 몸 되지 못함이지요

봄은 기다리고 찾아가는 것이 아니라
스스로 준비하고 일으켜 세우는 것이지요

봄 되어 풀꽃나무가
저마다 싹틔우고 잎 내고 꽃피우는 것은
타고난 제 빛깔 제 모습 잃지 않고
제때 잊지 않고 때와 한 몸 되어 살기 때문이지요
(15. 3. 21)

봄날에는

맑은햇살
싱그러움
생기발랄
설렘충만
흥이철철

천지사방
봄노래로
봄빛으로
봄향기로
가득하지요

내맘에도
봄노래로
봄빛으로
봄향기로
가득한가요
(18. 3. 31)

진달래

연분홍 꽃미소 활짝 머금고
긴 꽃술 내밀고 부르르 떤 체
누굴 그리 애타게 기다리시나요

찬바람 아직 남은 산골짜기
어김없이 찾아온 꽃샘추위
더듬이 감추고 어디 숨었나요

어서 나와 그리운 벌 나비들아
아지랑이 하늘하늘 이 봄날에
정답게 입 맞추며 봄마중 갈까요
(16. 3. 26)

처녀치마

언제나
거기 서 있는
그대는

누구나
찾고 싶은
그대는

팔현계곡
꽃부처인가요
그대는
(21. 3. 26)

제주 삼월

백서향 하얀 향기
숲속에 가득하고

유채꽃 노란 향기
들판에 넘쳐나네

꽃바람 봄바람에
흥겨운 휘파람새
(22. 3. 29)

동강할미꽃 1

굽이굽이 도란도란
물과 바위 밤새 속삭이는
아름다운 동강에는
참 고운 동강할미꽃 살고 있어요

깎아지른 병풍바위
하얀할미새 노랑할미새 어울려 사는
아름다운 동강에는
참 어여쁜 동강할미꽃 살고 있어요

나 잡아 봐라 풍덩풍덩
고향 잊은 비오리 정 나누는
아름다운 동강에는
참 사랑스러운 동강할미꽃 살고 있어요

딱딱한 바위틈에
하얀 별사탕꽃 돌단풍과 함께하는
아름다운 동강에는
참 보드라운 동강할미꽃 살고 있어요

어쩜 그리 곱고 어여쁠까요
어쩜 그리 사랑스럽고 보드라울까요
동강할미꽃이 있어 더 아름다운 동강
동강에 있어 더 아름다운 동강할미꽃

나도 바위틈에 내려볼까나
나도 동강에 살아볼까나
나도 할미가 되어볼까나
나도 석회암을 먹어볼까나
(20. 3. 31)

동강할미꽃 2

흙 한 줌 없이
물기 한방울 없이
동강 바위틈에
어찌 그리 곱게 계시나요

하늘빛 물빛 봄빛이
빚고 빚어낸 꽃빛 얼굴
그대를 보는 순간
그만 숨이 멎어 버렸지요

봄바람도 시샘하여
마구 흔들어 보았지만
찾는 발걸음 어찌 못하고
모두 연인되고 말았다지요
(22. 4. 7)

춘분날 즈음

봄이 시작되는 입춘 이후
음기운 기세에 살살 기던 양기운이
조금씩 힘을 모아 춘분날 되자
이제 자기 세상 되었다고 외치는데

아직은 어림없다고
이렇게 시퍼렇게 살아 있다고
눈 부라리며 용쓰는 음기운 위세에
봄은 왔으나 봄 같지 않네요

낮에는 양기운 세상
밤에는 음기운 세상
낮에는 양기운 눈치 살피랴
밤에는 음기운 눈치 살피랴

고래 싸움에 새우등 터진다고
장단 맞추지 못해 헤롱헤롱 비틀비틀
여기저기 훌쩍훌쩍 콜록콜록
손꼽아 청명만 기다리는 춘분날 즈음

(17. 3. 29)

누가 누가 잘 하나

냉이꽃도 쑥쑥 활짝
꽃다지도 쑥쑥 활짝
민들레도 쑥쑥 활짝
꽃마리도 쑥쑥 활짝

모두모두 쑥쑥 활짝
햇볕먹고 쑥쑥 활짝
너도나도 쑥쑥 활짝
사랑먹고 쑥쑥 활짝
(21. 4. 2)

해맑은 봄날에

펑펑펑 팡팡팡
꽃샘추위 물러가자
만삭된 꽃봉오리들
포근한 봄바람에 꽃문 활짝 열고
뻥튀기처럼 끝없이 터트리네요

연분홍꽃 각시치마 진달래가
반짝반짝 황금별꽃 개나리가
우윳빛 고운 하얀 목련이
봄처녀총각 두근두근 살구꽃이
눈부신 봄꽃 대왕 벚꽃이
매화 산수유 생강나무가 앞서 피고
배꽃 복사꽃 앵두꽃이 이어 피고

여기저기 풀꽃세상도 난리법석
별꽃 냉이 꽃다지 민들레 제비꽃 봄까치꽃이
노랑 하양 보라 자주 형형색색
아름다운 꽃상 차려놓고 손짓하네요

봄바람난 꽃들 사이 이리저리

벌 나비들 정신없이 아우성이네요

(16. 4. 2)

천둥번개

화사한 봄날 봄다운 봄날
맑고 밝고 푸른 날 청명
청명은 춘분 지났다고 저절로 오지 않지요

옛사람 이르기를
춘분 말후 처음 천둥번개친다 하였지요
천둥번개 비바람이 청명 세운 것이지요

지난 겨울동안 쌓인 묵은 때 말끔히 씻어내라고
아직 남아 있는 미련 고집 훌훌 털어버리라고
씻김굿으로 천둥번개 내리신 것이지요

경칩이 지났지만 미적거리는 생명들에게
벼락같은 소리로 일깨워 때맞춰 살라고
죽비소리로 천둥번개 내리신 것이지요

만삭된 꽃봉오리들 꽃문 활짝 열리도록
마른 나뭇가지마다 연둣빛 초록물 솟구치도록
생명사랑으로 천둥번개 내리신 것이지요

하늘그물 넓어서 성기어도 빠뜨리는 게 하나 없다 하였지요
온 땅 곳곳 어느 것 분별 차별 하나 없이

살아 있는 모든 것에게 살아갈 힘 살아 낼 힘주시려
하늘은 천둥번개 내리신 것이지요
(13. 4. 4)

얼레지

그대를 만나는 순간
말을 잃어버렸지요

그대를 만나는 순간
넋이 나가 버렸지요

그대를 만나는 순간
내가 사라져 버렸지요

그대를 만나는 순간
화야산이 되었지요

그대를 만나는 순간
해님이 되었지요

그대를 만나는 순간
그대가 되었지요
(22. 4. 3)

초록별숲

때죽나무 가지마다
주렁주렁 연초록별

해님품어 반짝반짝
이가슴에 초롱초롱

꽃도별님 잎도별님
온천지가 별님세상
(20. 4. 5)

제비꽃

제비꽃은 인사쟁이
온종일 고개 숙여 인사하네요
얼마나 힘들고 어려울까요
깜깜한 밤엔 안 해도 될 텐데
쉬지 않고 인사하는 제비꽃
우리도 제비꽃처럼 인사나눠요

민들레

요술쟁이 민들레
지나가는 벌 나비 부르려
한꺼번에 작은 꽃
백 개나 피워서
큰 꽃처럼 만들었네

요술쟁이 민들레
지나가는 바람 잡으려
쑥 쑥꽃대 올려서
휘이이 바람 불면
털풍선 날리고 있네

애기똥풀1

애기똥풀은 내 동생
아직도 노란물똥 싸고 있네

애기똥풀2

누가 네 몸 자르면
노란 피똥 흘리지
얼마나 아팠을까

이제는
누가 다가오면
바보처럼 가만있지 말고
으앙하고 큰소리로
먼저 울어 버리렴

되지빠귀 호랑지빠귀

벚꽃 눈부시게 흐드러지고
진달래 개나리 춘심 울렁일 때
사월 되면 되지빠귀 호랑지빠귀 찾아오지요

옥구슬 굴린 듯 청아한 목소리로
그리던 임 찾아 사랑노래 부르는
어김없는 되지빠귀 참으로 반갑지요

되지빠귀 노랫소리 들리면
봄산은 더욱 신이 나고
봄날은 더욱 흥겹지요

되지빠귀 호랑지바뀌 돌아오는 날
벚꽃 진달래 개나리 온산에 피어나는 날
연둣빛 나뭇잎 꼬물꼬물 돋아나는 날

억울한 생목숨들 불귀 객 되었지요
지난날 제주에서 진도에서 서울거리에서
지금도 인간들 사는 이곳저곳에서

시리도록 곱고 아름다운 이 사월에
눈물겹도록 쓰리고 아픈 이 사월에
지빠귀들 애절한 소리 억울한 넋 부르지요
(16. 4. 10)

청명

팡팡팡 팡팡팡
벚나무 가지마다
꽃풍선 터트리는
맑은봄날 청명즈음
부풀은 봄마음도
꿈결처럼 피어나요
(16. 4. 5)

맑은 봄날 청명에

어쩌면 저리도 예쁠까요
산등성이 연초록 뭉실뭉실
봄동산엔 꿈틀꿈틀 꼬물꼬물
나뭇가지엔 삐쭉삐쭉 쏘옥쏘옥
가슴엔 떨림 울림 설렘 한가득
사월은 노래고 시이지요
사월은 생명이고 사랑이지요
(14. 4. 13)

사월엔 한가득

연둣빛 설레임이 한가득
분홍빛 그리움이 한가득
노란빛 기다림이 한가득
하얀빛 아쉬움이 한가득

눈부신 햇살이 한가득
싱그런 봄내음이 한가득
달콤한 속삭임이 한가득
화사한 미소가 한가득
(17. 4. 15)

사월은

청명날
비온뒤
쏟아지는 햇빛마다
불쑥불쑥 새싹을 틔워내고
떨어지는 봄비마다
쑤욱쑤욱 새싹을 키워내어
눈깜빡 할 사이
온산 연둣빛이네요
온통 설렘뿐이네요
이 사월은
(16. 4. 17)

사월 봄빛

하얀빛
노란빛
분홍빛
연둣빛

고운빛
맑은빛
싱그러운빛
생명빛
사랑빛
(15. 4. 18)

꽃구름

민들레꽃 진자리
둥글둥글 솜사탕
바람따라 두둥실
하늘가득 꽃구름
(21. 4. 23)

씨앗 소리

삶은 씨앗 뿌리는 일이지요
하루에도 수없는 씨앗 뿌리지요.
말로 뿌리고
몸으로 뿌리고
생각으로 뿌리지요

나는 지금
어떤 씨앗을 뿌리고 있나요
어떤 씨앗에 물 주고 있나요
어떤 씨앗이 자라고 있나요

뿌린 대로 거둔다는
씨앗 소리 깊게 새겨야 할
곡우 때 하늘 이야기입니다
(18. 4. 20)

생명 이름표

모든 생명은 자기 이름표를 가지고 세상에 나오지요

소나무는 곱게 빗은 붉은 머리 쑤욱쑤욱 내밀고
떡갈나무는 붉은 털잎 사이 염주알 수꽃 주렁주렁 매달아 내밀고
생강나무는 은빛털복숭이 잎 모아모아 내밀고
엄나무는 가지 끝 터질 듯 주먹만 한 잎뭉치 힘껏 내밀고

고로쇠나무는 꽃잎 든 커다란 주머니 터트리며 내밀고
때죽나무는 뾰족한 가는 잎을 삐쭉삐쭉 내밀고
덜꿩나무는 두 손 모아 꽃봉오리 안아 내밀고
나도밤나무는 잎맥 촘촘 박아 절반 접어 하나씩 내밀고

합다리나무는 꼬물꼬물 잎사귀 한껏 뒤로 젖혀 내밀고
소태나무는 머리빗 잘 포갠 잎 합장하듯 내밀고
굴피나무는 잎눈 감싼 동그란 껍질 턱밑에 매달려 내밀고
까치박달나무는 주름진 잎 붉은 줄기에 하나씩 붙여 내밀고
비목나무는 잎사귀들 한 번에 둥글게 감싸 안아 내밀지요

모든 생명마다 타고난 자기 이름표대로 살아가지만
자기 이름표를 주장하거나 내세우지 않고
생명나눔 생명사랑으로 한 몸 되어 살아가지요
(14. 4. 21)

곡우때

꽥 꽥 꽥 꽥 꽥 꽥
청개구리 짝을 부르며 울고
까르륵 까르륵 까르륵
참개구리 짝을 찾으며 우는
곡우때지요

휘이이 휘이이 휘이이
호랑지빠귀 무섭다고 울고
뜸 뜸 뜸 뜸 뜸 뜸
벙어리뻐꾸기 답답하다고 울고
소쩍 소쩍 소쩍쩍
소쩍새 배고프다고 우는
곡우때지요

때맞추어 꽃피며 벌과 나비는 날고
때맞추어 정겨운 노래를 부르고
때맞추어 찾아오는 반가운 이들
아직은 살아 숨 쉬는 곡우때지요
(16. 4. 28)

여 름 살 이

꿀사랑 오월

해님이 반짝 반짝
햇볕 내리면
나뭇잎도 반짝 반짝
꿀을 만드네

햇볕도 꿀사랑
나뭇잎도 꿀사랑
애벌레도 꿀사랑
오월은 꿀사랑

해님처럼
나무처럼
애벌레처럼
오월엔 꿀사랑 나눠요
(19. 5. 2)

햇볕밥그릇

예쁜 꽃 진 자리
귀여운 아기 열매

햇볕밥으로 쑥쑥
알차게 키우려고

여름드는 입하부터
나뭇잎 크게 활짝

가지마다 햇볕밥그릇
꿀꺽꿀꺽 얌얌얌
(21. 5. 4)

벚나무 아래

꽃 진 벚나무 아래
무수한 열매자루 떨어져 있네요
꽃가루 만나지 못한 암꽃들이지요

꽃피었다고 모두 열매 맺지 않고
열매 맺었다고 모두 익지 않고
열매 익었다고 모두 땅속에 묻히지 않고
땅에 묻혔다고 모두 싹트지 않고
싹텄다고 모두 나무 되지 않지요

벚나무 한 그루는 저절로 되지 않지요
우주 자연 시절인연으로 빚어낸 생명이지요
나도 그렇고 너도 그렇지요
살아있는 모든 생명 다 그렇지요
(15. 5. 5)

해님 품으면

해님 품으면
예쁘지 않는 생명
하나도 없지요

초록 이파리도
붉고 하얀 꽃잎도
꿈틀꿈틀 애벌레도
지저귀는 새들도

나도
너도
해님 품으면
(20. 5. 8)

오월이 되니

오월이 되니
꾀꼬리도 휘파람새도 울새도 검은등뻐꾸기도 솔부엉이도
어김없이 아름다운 노래로 짝 부르며 인사하지요
올해도 찾아와 주니 참 반갑고 고맙네요

오월이 되니
집 근처 이팝나무 등나무 오동나무가
산에는 팥배나무 노린재나무 덜꿩나무 아카시나무가
어김없이 환한 얼굴 꽃웃음 지으며 인사하지요
올해도 피어주니 참 반갑고 고맙네요

세월 하수상하고 뒤숭숭한데
자연 안에 생명들 어김없이
제때 제 할 일 다 하고 있네요

오월 새들 오월 나무들이 우리에게 묻고 있네요
스스로 만물 영장이라고 뻐기는 너희들은
제때 알고 제때 일하며 사느냐고요
(15. 5. 10)

그대 향기는 무엇인가요

달콤 향긋한 아까시 꽃내음이
초록 가득한 오월 숲에
취하도록 넘쳐 흐르네요

꿀벌들은 춤추며 날아들고
새들도 노래하며 찾아오고
나도 발걸음 멈추고 킁킁거리지요

아카시꽃이 묻네요
생명들 절로 불러 모으는
그대 향기는 무엇인가요
(18. 5. 16)

찔레꽃 피면

찔레꽃 피면
뻐꾸기 울고
찔레꽃 피면
소쩍새 울지요

뻐꾸기 소리에
그리움 피어나고
소쩍새 소리에
설움도 깨어나지요

먼 옛날부터
이 땅 사람들 마음속에
깊이 새겨진
그 내음 그 소리가
잊혀지고 잃어가는
옛 마음 불러내지요
(17. 5. 16)

앞산이 난리다

오월 새벽
앞산이 난리네요

꾸욱꾹꾸꾹 꾸욱꾹꾸꾹
뻐꾹뻑뻐꾹 뻐꾹뻑뻐꾹
까륵까륵 꼬륵꼬륵

홀딱벗고 홀딱벗고
후후후휘호 후후후휘호
까까까깍 까까까깍
꿩꿩꿩 꿩꿩꿩

나 여기 있다 나 여기 있다고
여긴 내 땅이다 여긴 내 땅이라고

제 목 터져라 외치고 있네요
제 목 터져라 부르고 있네요
(16. 5. 19)

해님 생명사랑

햇볕 차곡차곡 나뭇잎에 쌓여
여린 잎살 도톰하게 부풀리고
짙은 푸르름은 숲속 가득 메우고 있네요

알에서 깨어난 애벌레들 한데 모여
살찐 잎 정신없이 갉아먹으며
금새 통통한 몸집으로 탈바꿈하지요

엄마새 아빠새 숲사이로 쉼 없이 오가며
둥지 속 칭얼거리는 애기새 노란 입에
살찐 벌레들 배부르게 넣어 주네요

커가는 어린새들 달콤한 열매 맛있게 먹고
이 숲 저 숲 오며가며 씨앗 뿌려서
더 크고 더 깊은 숲으로 가꾸어가지요

언제나 변함없는 해님은
숲에 깃든 모든 목숨붙이들
포근한 생명사랑 바구니에 잘 키워내지요
(14. 5. 20)

아까시 꽃부처

가지가지 하얀 꽃송이
주렁주렁 매어 달고

향긋한 꽃내음에
달콤한 꿀단지까지

아이고 저러다
몸 부러지겠네

아까시나무
당신이 꽃부처였네요
(20. 5. 20)

초록잎 마음

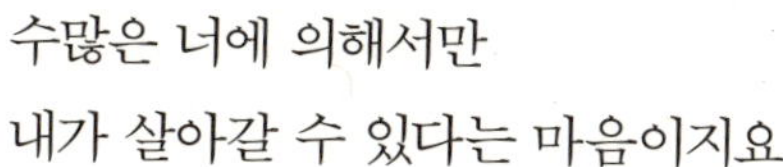

홀로 살아갈 수 있는 생명은
아무도 없다는 마음이지요

수많은 너에 의해서만
내가 살아갈 수 있다는 마음이지요

너와 나는
한 몸처럼 연결되어 있다는 마음이지요

네가 행복해야
내가 행복해질 수 있다는 마음이지요

너를 사랑하는 것이
나를 사랑하는 것이라는 마음이지요

세상에서 가장 소중한 나를 있게 한 것은
바로 너라는 마음이지요
(18. 5. 21)

부처님 오신 날에

부처님 오신 날이라고
우리 동네 앞산 불자들이
저마다 목소리로 염불웁니다.

뻐꾹 뻐꾹 뻑뻑국
뜨르르르 뜨르르르
휘이 휘이 휘이
호로로께꼬 호로로께꼬
꾸구 꾸국 꾸구 꾹국
까악 까악 까악
꿩 꿩 꿩
짹짹 짹짹 짹짹
후루르삣죽 후루르삣죽

해님마음 하늘마음으로 살아야 한다고
자기답게 자기본성으로 살아야 한다고
생명사랑 생명나눔으로 살아야 한다고

나도 두 손 모아 기도드립니다
해님마음 하늘마음으로 살기를

자기답게 자기본성으로 살기를
생명사랑 생명나눔으로 살기를
(18. 5. 22)

소만 숲

하늘 메웠지요
숲 채웠지요

삐쭉삐쭉 꼬물꼬물
꽃샘추위 속 몸 떨던
여리고 어린 새싹 잎들이
이제 한껏 제 모양 드러내고
봄꽃피고 진 가지마다 열매 맺혀
하늘 빈틈없이 메웠지요
숲 가득 채웠지요

풍성한 잎밥마다
싹싹 쓱쓱 짭짭 냠냠
무리 지은 애벌레들
먹고 싸고 먹고 싸고
호시탐탐 딱새 부부 나 몰라라
숭숭숭 그림 잘도 그려내는
소만 숲이지요
(16. 5. 29)

모기

날 밝아 깊은 잠 깨운 모기 나타나자
절로 몸은 일어서고 손바닥은 날았지요

저도 새끼 낳아 기르는 어미 사랑 있을텐데
눈물만큼도 안 되는 피 좀 빨아먹었다고
인정 없는 사람 만나 억울하게 죽고 말았네요

내 몸은 언제쯤 모기 보고 머뭇거릴 수 있을까요
참 부끄럽고 안타까운 아침이네요
(16. 6. 2)

망종

가시 같은 까끄라기달린 열매 익어가지요
입 뾰쪽한 가시달린 모기 나타나지요
고슴도치 같은 밤송이나무 꽃 피지요
햇볕도 점점 날카로워져 가시처럼 따갑지요
가시 있는 것들 제 모습 드러내는 망종이지요
(16. 6. 5)

꼬마잠자리

색동 치마저고리 꼬마잠자리 아가씨
새빨간 바지저고리 꼬마잠자리 총각
한 뼘 날아 포르르 서로 사랑 나누네
나는 야 이 세상 가장 귀여운 꼬마잠자리

파리매 살짝 날아와도 얼음땡
청개구리 폴짝 뛰어도 얼음땡
그래도 잠자리인데 화도 나지만
나는 야 이 세상 가장 작은 꼬마잠자리

비둘기처럼 이산 저산 넘나들지 않고
청설모처럼 여기저기 두리번거리지 않고
엄마 아빠 나고 자란 고향 지키며 사는
나는 야 언제나 물땅 좋은 꼬마잠자리

사람들아 우리네 땅 내버려 두소
사람들아 내 동무들 함부로 마소
하나개물 호룡곡산 마르고 닳도록
나는 야 언제나 무의도 꼬마잠자리

(15. 6. 21)

하짓날

하짓날은 해님 가장 오래 일하는 날
생명은 하루 일 년 일생동안
저마다 담아야 할 햇볕 양 있나 보네요

해님은 생명들이 얻어야 할 햇볕을 셈하여
한꺼번 쏟아내면 큰 탈 생길까 봐
동짓날부터 아주 조금씩 땅에 내려놓지요

하짓날까지 땅 가득 쌓아두었던 햇볕은
꽃서리 얼음꽃 피고 추운 겨울 올 때까지
온생명 크게 키우고 알찬 열매 맺게 하지요

모든 생명 해님에 속해 있지요
생명 몸은 햇볕으로 만들어서
생명 다하면 해님에게 되돌아가지요
(15. 6. 22)

하심夏心에는 하심下心으로

걷잡을 수 없이
뜨거운 해 기운이
온천지에 가득한 하지 이후에
살아 있는 것들에게
정신없이 내달리게 하지요

앞으로만 밖으로만
쏟아내려는 하심夏心에
어느 때보다 여유 품고
깨어 있는 몸과 맘으로
하심下心해야 하지요.
(18. 6. 21)

개망초꽃 1

눈부신 하지 때
외로운 무덤가
여름 들녘 가득 메운
해님 닮은 개망초꽃

철부지 사람들은
망초대라 놀리지만
누가 벌나비 친구되고
죽은 이 위로할까나
(22. 6. 21)

개망초꽃 2

타는 듯 불볕더위 쏟아지는 한여름
햇빛보다 더 눈부신 하얀 개망초꽃
해 닮은 둥근 흰 빛살 노란 얼굴
개망초 그대는 당당한 대지 햇꽃

벌레들 그늘 찾아 헐떡거리고
몇몇 풀꽃 겨우겨우 얼굴 내밀 때
온천지 새하얗게 가득 피우는
개망초 그대는 당당한 참 여름꽃

그대처럼 흔하고 흔한 것은
가장 많이 필요하기 때문인 것
흙 물 바람처럼 소중하다는 것
개망초 그대는 당당한 생명나눔꽃
(15. 6. 25)

자월도

소사나무 숲길 지나 떡바위 가는 바닷길
팥배나무 벚나무 뿌리줄기 한 몸 이룬
야생 신비 품은 정령 땅 자월궁

철마다 새소리 바람소리 파도소리 모아놓고
철마다 꽃열매 벌레들 갯 이야기 새겨놓고
철마다 해님 달님 별님 얼굴들 그려놓고

그곳엔 깊은 울림 떨림 있지요
그곳엔 진한 그리움 설렘 있지요
그곳엔 오랜 기다림 가고픔 있지요

언제나 생명 기운 가득 차 있는 곳
언제나 하늘 기운 맞닿아 있는 곳
언제나 성스러운 기운 깃들어 있는 곳

소사나무 숲길 지나 떡바위 가는 바닷길
팥배나무 벚나무 뿌리줄기 한 몸 이룬
야생 신비 품은 정령 땅 자월도
(16. 6. 25)

솔부엉이

우리 앞산 여름 되면 찾아오는 귀한 손님
천연기념물이라는 솔부엉이 소쩍새
올해도 어김없이 찾아 오시니 참 고맙고 반갑네요

6월 28일 아침 7시 35분
호봉산 둘레길 높다란 아카시나무 가지에
그토록 만나고 싶었던 솔부엉이 앉아 있었지요
어젯밤 우우웅 밤새 울어 찾아볼까 했었는데
고개 들어 쳐다보니 고개 숙여 나 보고 있네요
오래 보면 불편하실까 슬며시 자리 떴지요

솔부엉이 만나 무지하게 반가웠는데
솔부엉이도 나를 만나 반가웠을까요?
(15. 6. 28)

하늘꽃밭 금대봉에서

뜨거운 여름 시작되는 칠월 첫날
하늘꽃밭 금대봉에는
연분홍 꼬리 가진 아름다운 범꼬리들 세상
꽃봉오리 꼭 껴안고 진한 입맞춤 대회 하는 건가요
사랑하는 연인과 무도회 하는 건가요
귀엽고 어여쁜 표범나비들 초대하여
흥겹고 신나는 잔치마당 벌렸네요

길 위엔 비 촉촉이 젖은 삵 똥덩어리
파티복 입은 나비들 너도나도 그 위에 앉아
불청객들 가까이 다가오는 줄 모르고
기다란 주둥이 맛있게 똥물 빨아 먹고 있네요

꿀물 똥물 구별하지 아니하고
꽃 똥 차별하지 아니하고
꽃이 나비 되고 나비가 똥 되고 똥이 꽃 되는
사랑 나눔 가득한 하늘 꽃밭에
이 몸 슬그머니 들이밀어 보지요
(13. 7. 1)

뻐꾸기 우는 사연

뻐꾹 뻐꾹 뻐꾹
뻐꾹 뻐꾹 뻐꾹
뻐꾹 뻐꾹 뻐꾹
아침 저녁으로
쉼 없이 뻐꾸기 소리하네요

어미 뻐꾸기
남 둥지에 몰래 알 낳고
새끼 뻐꾸기
자기만 살겠다고
주인집 어린 새끼 밀쳐내지요

홀로 살 수 없는 생명 세상
함께 살아가야 하는데
뻐꾸기 모자만 야비하다고
제 허물 못 보는 인간들이
손가락질하며 수군거리지요

귀 막은 뻐꾸기 엄마
갓 태어난 제 새끼에게

너는 뻐꾸기다 내 새끼야
빼꾸기임을 잊지 말라고
오늘도 뻐꾹 뻐꾹 뻐꾹
(20. 7. 3)

뜨거운 햇볕은

뜨거운 햇볕은
열매 제 모양대로 키워내고

뜨거운 사랑은
생명 제 모양대로 키워내지요
(17. 7. 3)

더위署

더위는 피하는 것도 아니고避暑
더위는 싸우는 것도 아니고鬪署
더위는 이기는 것도 아니고克署
더위는 잊는 것도 아니지요忘署

더위는 즐기는 것이고樂署
더위는 맞이하는 것이고迎署
더위는 모셔야 하는 것이지요侍署
(16. 7. 7)

여름

여름은 열매 키우는 계절
뜨거운 햇볕이 키우게 하고
세찬 비바람이 키우게 하고
숨 막히는 무더위가 키우게 하지요

자연 생명은 온몸으로 여름 맞지요
뜨거운 햇볕 반가워하고
세찬 비바람 하나 되어
숨 막히는 무더위 즐기지요

더운 여름 있어야 하지요
여름이 여름다워야 하지요
그래야 열매 제대로 키우고
그래야 열매 알차게 여물어 지지요
(13. 7. 5)

뜨거운 더위 1

여름에는
해님 생명사랑이
뜨거운 더위로 변하지요

생명사랑 더위가
나무 열매속으로 들어가
제 모양대로 크게 키워내지요

그 생명사랑 열매는
벌레도 살리고 새도 살리고
나도 살리고 너도 살리지요

뜨거운 더위는
모든 생명 살리는
생명사랑이지요

그래서 여름은
정말 뜨거워야 해요
생명사랑 충만해야 하니까요
(18. 7. 7)

애더위

너무나 더울 때
옷 걸치지 않고 선풍기와 종일 씨름해도
흘러내리는 땀방울 어찌할 수 없네요
이따금 찬물로 온몸 식혀보지만
꾸역꾸역 쏟아내는 땀구멍 막을 길 없네요

올해는 다짐했지요
더위는 생명 위한 뜨거운 자연 손길이라고
더위보다 더 뜨겁게 더위 깊게 품고
더위와 하나 되어 한여름 뜨겁게 살아보겠노라고

하지만 이제 막 시작한 애더위에 그만
뜨거운 다짐은 아이스크림 녹듯이 사라지고 마네요
아직 오지 않은 더 힘센 중복 말복이
눈알 부라리며 기다리고 있는데요

지난해에도 그렇고
지지난해에도
그 이전 해에도 그랬었지요
올해는 그렇지 않을 것이라 다짐했지만

애더위 시작부터 비틀거리네요
푹푹 찌는 더위가 더할수록
더위가 미워지고 싫어져서
도망치고 싶은 마음 간절하겠지요

벌써 찾아온 폭염 열대야 앞에서
청정한 마음으로 주문처럼 외워 보네요
더위는 더위는 더위는
생명 낳고 생명 기르는 어머니 사랑이라고
초복 중복 말복 어머니처럼 사랑해야 한다고
(15. 7. 11)

한더위

소서 초복 중복 대서 말복
더위들 떼로 줄줄이 몰아닥쳐도
아무도 더위 인정하지 않고
악인 대하듯 피하고 짜증 내고 외면하지요

한 생명이 생명다워지기 위해서
어떻게 해야 더위 존중할 수 있을까
어떻게 해야 더위 완성할 수 있을까
한더위 품에 안고 뜨겁게 헤아려 봐야지요
(15. 7. 23)

매미 소리

매앰 매앰 매앰
매앰 매앰 매앰

수년간 긴긴 땅속 힘든 삶 아느냐고
메앰 메앰 메앰

며칠 잠깐 꿈같은 땅밖 삶 아쉽다고
매앰 매앰 매앰

짧디 짧은 생명살이 허비말라고
매앰 매앰 매앰

시끄럽다 남 탓 말고 네 삶이나 챙기라고
매앰 매앰 애앰

부디 철들어라 아침부터 저녁까지
매앰 애맴 매앰
(16. 7. 21)

뜨거운 더위 2

뜨거운 더위가
모든 생명 살리는
생명사랑임을 알기에
더위랑 하나 되어 살 수 있지요

뜨거운 더위가
언제까지나 있지 않고
한때임을 알기에
더위랑 사이좋게 살 수 있지요
(18. 7. 23)

미안한 여름

너무 덥고 습할 때
자꾸만 더위 피하고 싶지요
그러면 안 되는데
더위에게 미안하지요

너무 덥고 습할 때
자꾸만 에어컨 안기고 싶지요
그러면 안 되는데
지구에게 미안하지요
(19. 7. 30)

요즘 더위

매년 한 여름에 찾아오는 무더위
수십 번 맞고 또 맞았지만
늘 태어나 처음 맞이한 것처럼
하루하루 견디기 쉽지 않네요
지구온난화 이상기후 때문이지요

이제 생활필수품 되어 버린 에어컨
집집마다 내뿜는 열기 찜통도시 만들지요
언제까지 헉헉대며 참을 수 있을까요

더위는 여름 동안 모든 열매
제 모양 제 크기로 만드는 생명의 힘인데
온몸으로 맞으며 고마워야 하는데
너무 더워 정신까지 혼미해져 무섭기만 하네요
(16. 7. 23)

솔나리

가도 가도 끝이 없는
날것투성이 바윗길
깎아 지른 바위 절벽
네발로 엉금엉금

그리움 품고 품고
온몸 흠뻑 땀욕으로
속세 때 씻어내야
겨우겨우 뵐 수 있는

이슬만 먹고 핀
솔나리 그대는
고고한 나라
수도승 환생인가요
(22. 7. 24)

잠자리

잠자리 너는 어떻게
무려 3억 5천만 년 전에
가장 먼저 하늘 날았고
어찌 생긴 그 모습대로 살아왔나요

잠자리 너는 어떻게
어릴 때는 물속 어른 때는 하늘
지구 모든 공간 네 집처럼
어찌 네 맘대로 자유롭게 살아왔나요

잠자리 너는 어떻게
빠르게 느리게 아래로 위로 뒤로 제자리서
커다란 눈 날렵하고 재빠른 날갯짓으로
어찌 작은 날 것들 호령하며 살아왔나요

하지만 잠자리 너는
왕방울눈 크게 뜨고 한눈팔지 말아요
빼어난 재주 믿고 함부로 나대지 말아요
거미줄에 걸리고 사마귀에 먹히는 것 숭고하지만
도깨비바늘가시에 걸려 죽으면 가문 망신 아닌가요

(15. 8. 1)

도토리거위벌레야

참나무 아래
잎 매달린 도토리
여기저기 떨어져 있네요

막 여물어가는 도토리깍정이마다
도토리거위벌레 구멍 뚫고 알 낳아
혹여 알 다칠까 도토리잎 가지 매단 채
낙하산처럼 살짝 떨어뜨리네요

아직 설익은 도토리라
사람들 주워가지 않겠지만
숲길 위에 떨어진 도토리
사람 발에 밟혀 으깨어져 있네요

어제도 오늘도
나는 길 위에 떨어진 도토리들
길가 저 멀리에 밀어 놓았지요

도토리거위벌레야
앞으로 알 낳은 도토리
길 위에 떨어지지 않게 조심하세요
(13. 8. 2)

달맞이꽃

염소뿔 녹인다는
불같은 한 여름
잠못드는 생명들 위해
밤마다 노란촛불 밝히네요

한낮 뜨거운 사랑 가슴에 담아
향긋한 포도주 내음 내뿜으며
오늘도 그리운 맘으로
하얀 밤 지새우네요
(16. 8 .2)

가 을 살 이

사라진 입추

지역마다 경쟁하며 더위 다툼하고
연일 폭염은 신기록 갈아치우네
양치기 소년 되어 버린 기상청
더위 앞에 장사 없다는 옛말이
무섭도록 되살아난 2016년 여름
열대야 벌써 한 달째 기고만장이네요
입추는 도대체 어디로 가버렸나요
(16. 8. 21)

8월 소나기

가을 시작되는 입추 지났는데도
무더위 불볕더위 가마솥더위까지
한여름 뜨거운 햇볕에 달궈진 땅 식을 줄 모르네요
이러다가 가을 오지 않을까 겁도 났지요
깊이 뿌리 내린 나무 말고 살아날 것 없는 것 같았고
메말라 시들어버린 길가 풀잎들 애처로웠지요

우르릉 꽝꽝 우르릉 꽝꽝
천둥번개 벼락까지 세찬 비바람 몰아치니
하늘은 올해도 어김없이 가을 준비하시네요
더위 지쳐 쓰러진 생명들 일깨우며
곧 가을이니 정신 차리라 알려주시네요

8월 소나기 자상한 하늘 손길
8월 소나기 가을 세우라는 하늘 죽비
(16. 8. 8)

언제 철들려나

입추도 지났건만
아직 찜통더위
가장 더웠다는 지난 여름도
입추 지나고 열대야 사라졌는데
사람체온마저 넘겨버린
올 더위 숨 턱턱 막히네요

문제는 해마다 여름이
더욱 뜨거워진다는 것
제 열매 제 모양대로 키운다는
더위 의미조차 사라지는 것일까요

업보지요 업보지요
인간 스스로 지은
끝없는 탐욕 때문에
모든 생명 위태롭네요

더위 단단히 화났나 보네요
더위 더 이상 참을 수 없었나 보네요
활활 타오르는 지구 보고도

아직 정신 못 차린 어리석은 인간들이네요

언제 철들까요
언제 철들까요
(15. 8. 16)

사라진 절기

일월 한겨울에
웬 진달래 민들레꽃

따뜻한 사월 봄날
폭설에 고드름까지

올여름 칠팔월
긴 장맛비 물난리

가을은 시작인데
입추 처서 어디갔나

시베리아 동토 녹고
유럽에는 살인 폭염

기후재앙 닥쳤는데
사람들은 나 몰라라

하느님이 노하셨네
코로나 바이러스
(20. 8. 29)

여치 소리

해님이 풀잎 되고
풀잎이 여치 되고

여치 소리 풀잎 소리
풀잎 소리 해님 소리
(15. 9. 9)

이슬

봄 이슬은
한겨울 꽁꽁 언 땅
따뜻한 봄바람에 녹아내린 입김

가을 이슬은
한여름 열 받아 뜨거워진 땅
찬 가을바람에 식어버린 땀방울
(15. 9. 19)

물매화

언제나 그 자리
백로 절기에
대덕사 계곡

노랑 꿀이슬 매달고
붉은 입술 미소 짓는
하얀 물매화 있지요

꽃이랑 산새랑 속삭이고
나비랑 구름이랑 춤추는
하얀 물매화 있지요

나랑 너랑
물매화랑
언제나 그 자리에
(21. 9. 12)

절규 냄새

은행 노랗게 익어가는 가을
도심 가로수 보도블럭엔
온통 절규 냄새 가득하지요

처참히 으깨어진 아기은행 비명소리
말없이 바라보는 나무어미 통곡소리
(16. 9 .26)

말매미 한 마리

서늘해진 가을 한가운데
찌르르르르르
풀벌레보다 나지막하게
말매미 한 마리 떨며 웁니다

한여름 떠들썩했던
숱한 친구들 모두 떠났는데
무엇하다 홀로 남아
왜 그리 슬피 우는 건가요

부디 찬이슬 내리기 전
애타게 그리던 짝 만나
기나긴 인고 세월이
헛되지 않기만을…
(18. 9. 22)

가을날

한없이 맑고
한없이 높고
한없이 푸르지요

이렇게 좋은 날에
이렇게 좋은 날에

그 무엇 더 바랄까요
그냥 이렇게 있어도
마냥 좋지요
(15. 9. 27)

가을빛

고운 빛
그리운 빛
정다운 빛

안고 싶네요
담고 싶네요
닮고 싶네요
(15. 9. 27)

사마귀와 풀무치

아직 뜨거운 가을햇살 가득한 포장된 한적한 산길
한가위 보름달만 한 배부른 암사마귀들
졸린 눈으로 여기저기 햇볕욕하고 있네요

아이고 사마귀들아
차바퀴에 비명횡사한 친구소식 못 들었나
소중한 뱃속아기 생각하고 네 집으로 돌아가면 어떨까

휘젓는 손짓에 커다란 눈알 부라리고
화난 듯 날카로운 두 발 앞세우며 노려보네요
할 수 없이 머리 붙잡고 풀숲으로 돌려보냈지요

갔던 길 다시 돌아 와보니
이번엔 사마귀랑 풀무치도 햇볕욕하고 있네요
한가롭게 사랑놀이까지
정말 못 말리는 사마귀 풀무치들이네요

부랴부랴 사마귀 풀무치들 풀숲으로 들여보내고
뒤도 안 돌아보고 도망치듯 발걸음 재촉하지요
이제 니들 죽어도 난 몰라
죽고 사는 건 니들 팔자니까
(15. 9. 27)

한가위 보름달

은가루 곱게 바른 한가위 보름달이
목청 좋은 귀뚜라미 초대하여
밤새도록 하얀 이슬 마시면서
마른 풀잎 위에 흠뻑 뿌려놓네요

창문으로 쏟아진 포근한 달빛이
잠든 두 눈 살포시 눌러 깨우는데
은은한 달빛은 눈 부시지 않아 반갑네요

달님 얼굴 궁금하여 쌍안경 꺼내 보니
방아 찧는 옥토끼 어디로 가고
얼굴 맞댄 남녀 한 쌍만
밤샘 모르고 꼭 안고 있네요
(15. 9. 28)

가을 들꽃

깊어가는 가을 끝자락
햇볕 드는 길가에

허리 숙여 눈여겨보아야만
겨우 볼 수 있는 가을 들꽃

화창한 꽃 계절 마다하고
햇볕 한 줌 남은 찬 가을

있는 듯 없는 듯 내세우지 않고
늦나들이 벌 나비 부르지요
(13. 9. 30)

도토리 한 알 속에는

도토리 한 알 속에는 커다란 참나무가 있고
도토리 한 알 속에는 거대한 숲이 있지요

도토리 한 알 속에는 벌 나비 사슴벌레가 있고
도토리 한 알 속에는 옆새우 도롱뇽 개구리가 있고
도토리 한 알 속에는 딱따구리 어치 직박구리가 있고
도토리 한 알 속에는 다람쥐 청서 족제비가 있고
도토리 한 알 속에는 지렁이 땅강아지 두더지가 있지요

도토리 한 알 속에는 햇빛 구름 비바람이 있고
도토리 한 알 속에는 하늘 땅 삼라만상이 있지요
도토리 한 알 속에는 어제 오늘 내일이 있고
도토리 한 알 속에는 나 너 모두가 있지요

도토리 한 알 속에는
도토리 한 알 속에는

산국꽃

산국꽃 피었습니다
흰이슬 찬이슬 무서리 끝에 피었습니다
산국꽃 활짝 피면 가을이 익습니다

쑥부쟁이 가을을 알렸습니다
구절초 가을을 피웠습니다
산국 가을을 익히고 있습니다

산국이 노랗게 가을 익힙니다
감 대추도 발갛게 익힙니다
나뭇잎도 오색으로 익힙니다

산국꽃 한 송이에 봄날 설렘 새겨 있습니다
산국꽃 한 송이에 여름날 뜨거움 녹아 있습니다
산국꽃 한 송이에 가을날 그리움 고여 있습니다

산국꽃 활짝 피었습니다
산국꽃 피면 가을 붉게 익습니다
산국꽃 피면 나도 덩달아 익습니다

가을 국화

가을바람 살랑살랑
연보라빛 쑥부쟁이 하늘하늘
맑은이슬 반짝반짝
하얀빛 구절초 싱글벙글
찬이슬 대롱대롱
샛노란 산국 감국 방긋방긋

짙어가는 국화 향기 속에
밤새 뒤척이는 풀벌레들
우수수 떨어지는 낙엽 위에
아쉬움만 가득가득 가득가득
(16. 10. 2)

가을꽃 그리움

진한 그리움이
가을꽃 그리움으로 피어나지요

보라 그리움은 쑥부쟁이로
자주 그리움은 자주쓴풀로
하얀 그리움은 물매화로
노란 그리움은 산국으로
분홍 그리움은 분홍구절초로

가을꽃 그리움엔
애절한 향기가 나요
간절한 향기가 나요
순수한 향기가 나요
보고픈 향기가 나요
기다림 향기가 나요

그래서
가을꽃 그리움은
한없는 사랑이지요
(18. 10. 9)

무당거미 모정

실을 냈고 내어 보금자리 만들고
길고 긴 시간 고통으로 알 낳아
다시 실을 내어 포근히 감싸네

기진맥진 홀쭉한 몸 겨우 추스려
나무껍질 힘껏 깨물고 조각내어
하얀 알덩이 하나하나 붙여가네

헤아리기 어려운 어미 자리
끝없는 인내뿐인 어미 모습
알 수 없는 어미 자식 인연이네
(21. 10. 21)

발간 감

둥글고 탐스럽게
감나무에 매달린 발간 감 보니
감이 해님인 것 알았지요

열매는 나무에 매달린 해님
뜨거운 불덩어리 해가 가을엔
열매마다 가득 채워져 사라지니
그래서 겨울엔 추워진다네요

열매는 나무에 매달린 해님
봄 되면 뜨거운 불덩어리
열매 속 다시 나와 꽃으로 활짝 피어
그래서 여름엔 뜨겁게 된다지요
(15. 10. 22)

열매는 생명이야기

열매는 희망 이야기
이른 봄 싹틔우고 꽃피우며
뜨거운 햇볕 강한 비바람에
열심 다해 최선 다해 살아가는 것은
자기 꼭 닮은 자식 얻고자 하는
어미의 강한 희망이지요

열매는 이어짐 이야기
어미와 자식의 이어짐
생명과 생명의 이어짐
어제와 내일의 이어짐
이곳과 저곳의 이어짐
열매는 모든 것 이어주는
영원한 생명 고리요 순환이지요

열매는 사랑 이야기
암컷 수컷 사랑 속에서
풀 나무 곤충 새
뭇 생명 사랑 속에서
열매는 온갖 생명이 만들어낸

사랑밖에 모르는 사랑 덩어리이지요

열매는 인연 이야기
햇빛 비바람 흙 조화 이루고
모든 생명 서로 만나지 못하면
어느 것 하나 제때에
하나 되어 인연 맺지 못하면
생겨날 수 없는 열매는
아름답고 소중한 관계 맺음이지요

열매는 무위 이야기
모든 생명은 자기 나름 생명 시간이 있고
각각 생명 시간 서로 다르니
비교 분별 차별하지 말고
무리하게 억지로 조급해 말고
때 알고 때맞추어 물 흐르듯
내려놓고 비워놓고 그리 살라 하지요

열매는 나눔 이야기
풀꽃 나무는 자기 삶 필요보다

언제나 더 많은 열매 맺어
다른 생명 먹여 살리는
부처 같은 소신공양살이 하면서
서로 돕고 의지하며
함께 살아가는 생명나눔이지요

열매는 생명사랑 생명살이 이야기 주머니
생명 낳고 생명 기르고 생명 살리며
널리 널리 생명사랑 생명살이 이야기 전하지요

내 열매엔 어떤 생명이야기 품고 있을까요
내 삶엔 어떤 생명이야기 전하고 있을까요
내 아이 열매엔 어떤 생명이야기 담기게 할까요
(13. 10. 22)

2020 기러기

올해도 찾아오신
겨울 친구 기러기들

떼지어 이리저리
마스크도 없이 왁자지껄

야생의 아름다움이여
빛나는 살아있음이여
(20. 10. 23)

서리

서리는 살아있는 끝에 오지요
나이 들어 머리 새하얘지듯이
서리 내린다는 것은
끝이 바로 눈앞에 있다는 것이지요

서리는 마지막 하늘 알람이지요
이슬이 여유 있는 봄 바람 같다면
서리는 다급한 봄 천둥소리이지요
바로 코앞에 겨울이 서 있으니까요

서리가 내리면 살아있는 것들은
이제 정리와 준비해야 하지요
더 이상 머뭇거려서도 안 되지요
남은 햇볕은 한 줌밖에 없으니까요

잘잘못 따져 가슴 치며 후회하고
새로운 삶 살라는 것이 아니지요
지금 그대로 내 모습 받아들이고
무엇 남기고 나눌지 헤아려야 하지요

끝은 끝이 아니고 시작이어야 하지요
침묵 겨울 속에서 새봄 태어나듯이
밀알 썩어야 새 생명 태어나듯이
내 끝은 누군가 시작이 되어야 하지요

인생길은 사전답사 없다고 하지요
저승길답사 간 사람 아직 안 왔다지요
삶 끝자락에 내리는 서리 속에 담긴
하늘 주신 서리 이야기 잘 새겨보아요(19. 10. 24)

깊은 가을

온 산이 불타고 있네요
봄부터 땀으로 쌓아온
한때 삶의 자랑들을
미련 없이 태우고 있네요

변하지 않는 것 없다고
때를 알아야 한다고
지금 여기에 진실하라고
삶이란 한순간이라고

지난해도 그랬고
지지난해도 그랬고
언제 철들 거냐고
나뭇잎만 애타네요
(20. 10. 30)

삶의 제빛깔

가을이 깊어지면
나뭇잎은 자기 빛깔 드러내지요

붉은빛으로
노란빛으로
주황빛으로
초록빛으로
갈색빛으로
붉노란빛으로

삶도 깊어지면
자기 빛깔 드러내야 하지요

내 삶 빛은 무엇인가요
자기 빛깔로 드러내고 있나요
(20. 10. 31)

단풍잎

울긋불긋
형형색색
가을산 단풍은
하늘만이 그릴 수 있고
하늘만이 드러낼 수 있는
신비로운 하늘빛색

햇빛이 쌓이고 쌓여
이슬이 고이고 고여
서리가 주무르고 주물러
빚어낸 최고 어울림

나무는 최고 순간 집착하지 않고
미련 없이 아름다운 이파리 내려놓지요
화려한 가을 단풍 뒤에
고독한 겨울 곧 다가옴 알기 때문이지요

겨울에는 누구나
찬바람 앞에서 알몸으로 서서

제 모습 깊이 바라보며
헤아려야 하기 때문이지요
(15. 10. 31)

나뭇잎 구멍

구멍이 숭숭숭
사랑이 퐁퐁퐁

구멍 속에
애벌레와 새가 있고
나와 네가 있지요

구멍이 하늘이지요
구멍이 부처이지요
구멍이 해님이지요
(23. 11. 4)

가을 하늘빛처럼

비에 젖은
참나무 노란 잎이
참 곱고 예쁘지요

가을 찾아온 하늘빛
어디에서 내려오셨을까요

자연 생명들은
하늘빛 담아
하늘빛 닮아서
하늘빛처럼 살아가는데

왜 사람들은
하늘빛 담지 못하고
하늘빛 닮지 않고
하늘빛처럼 살지 못할까요
(15. 11. 6)

겨 울 살 이

입동

약속이나 한 듯
입동 때 되면
나무는 미련 없이 잎사귀 떨어뜨리지요

꽃피우고 열매 맺을 때까지
봄가을 쉼 없이 수고하고 애쓴
고맙고 자랑스러운 잎사귀들인데

나무는 찬이슬 흰서리에 새겨진
하늘 때 읽어내고
머지않아 겨울 옴 알아차리며

입동 때 되면 어김없이 잎 떨구며
추운 겨울 준비하고 맞이하는 나무들
나는 무엇 떨구며 겨울 맞으려 하는가요
(13. 11. 11)

겨울 봄꽃 피면

찬 바람 부는 입동인데도
여기저기 봄꽃이 피어나요
개나리 진달래 제비꽃 이어
할미꽃 병꽃나무 산딸나무까지
철모르는 꽃이라 꽃 탓하지만
철모르게 한 것은 사람 탓이지요

모든 생명 태어남이 그러하듯이
꽃도 모태 같은 겨울눈 속에서
꼬박 열 달 채워 나와야 하지요
겨우 육삭둥이로 난 겨울 봄꽃
꽃가루 꿀단지 향기 거의 없어
열매 맺지 못한 무늬꽃이지요

겨울 봄꽃 많이 피면 꽃들이 사라지고
겨울 봄꽃 많이 피면 벌들이 사라지고
겨울 봄꽃 많이 피면 개구리들이 사라지고
겨울 봄꽃 많이 피면 새들이 사라지고
겨울 봄꽃 많이 피면 열매들이 사라지고
겨울 봄꽃 많이 피면 우리도 사라져요
(21. 11. 7)

낙엽은

낙엽은 나무 선물이지요
제 모습대로 다한 삶에 내리는 황홀한 오색 빛잔치
온몸으로 찬 겨울 나는 벌레들 따뜻한 보금자리
춥고 배고픈 겨울 땅속 생명들 든든한 양식

낙엽은 나무 이야기이지요
따스하고 뜨겁고 포근한 태양 손길
부드럽고 시원하고 차가운 바람 숨결
잔잔하고 세차고 쓸쓸한 비의 노래

낙엽은 나무 삶이지요
틔우고 피우며 맺어가는 삶
만나고 흩어지며 기다리는 삶
돌고 돌아 하나 되는 삶
(13. 11. 9)

낙엽 이야기

낙엽은 머지않아 겨울 다가온다고
겨울 잘 준비하여 제대로 맞으라 하네요

낙엽은 이제 네 걸치레 훌훌 벗어던지고
찬바람 앞에 알몸이어도 부끄럽지 않느냐 하네요

낙엽은 자기 자신 깊게 헤아리고
한겨울 골방에서 진지하게 자기 소리 들으라 하네요
(16. 11. 14)

겨울에는 거울을

겨울에는
골방에서 고독으로
거울을 만드는 때입니다

나는
이 세상에 왜 왔는지
이 세상에 어떻게 왔는지
깊게 들여다보는 거울입니다

나는
어떻게 살고 있는지
어떻게 살아가야 하는지
제대로 들여다보는 거울입니다

겨울에는
공부 수행으로
내 거울 맑게 닦는 때입니다
(18. 11. 23)

첫눈

올해도
소설에 들어서니
어김없이 첫눈 내리지요

소설에 눈 오는 일
너무 당연한 일이지만
그래도 정말 반갑고 감사한 마음은 웬일일까요

우리 아이들도
그 아이들 아이들도
소설 첫눈 설렘 언제까지 기억할 수 있을까요
(15. 11. 27)

한 줌 가을 그리움

하얀 햇살 곱게 내리는 고요한 숲길
가는 나뭇가지 끝 몇개 남은 이파리들
지난밤 얼음서리에 부르르 떨고 있네요

살랑대는 잔바람에도
제 몸 하나 가누지 못하고 허우적거리다
미련 없이 마른 몸 허공에 내던지네요

뒹구는 낙엽 위에 새겨진 가을 그리움이
이제 한 줌 남은 가을 뒷자락 슬며시 내려놓고
눈물타고 촉촉이 흘러내리네요

(15. 11. 28)

겨울은

어둠 짙어질수록 새벽 가까이 있고
찬바람 몰아칠수록 봄 가까이 있지요
영원한 것 없지요
그것이 하늘법이지요

어둠 속에서 불씨 더욱 빛나고
고난 속에서 생명 더욱 살아있지요
불씨 있어 어둠 더욱 살아나고
생명 있어 고난 더욱 빛나지요

차디찬 엄동설한 긴 겨울은
나는 누구인가
나는 무얼 하고 있는가
나는 무엇 때문에 사는가
스스로 묻고 물어야 할 시간이고
힘찬 생명씨앗 잉태해야 할 시간이지요
(15. 11. 30)

봄꿈 꾸는 도토리

낙엽이 지는 늦은 가을날
도토리는 땅속에 떨어졌지요
머지않아 겨울이 다가왔지요

찬바람이 거세게 불었지요
함박눈도 쏟아져 내렸지요
땅도 얼어붙기 시작했지요

도토리는 몹시 추웠지요
금새 얼어 죽을 것만 같았지요
캄캄한 땅속이 너무 무서웠지요

도토리는 따뜻한 봄꿈 꾸기 시작했지요
추위가 더해질수록
더욱 힘내어 봄꿈 꾸었지요

꿈속에서 다람쥐를 만났지요
꿈속에서 사슴벌레도 만났지요
꿈속에서 딱따구리도 만났지요

봄꿈 꿀 때는 조금도 춥지 않았지요
봄꿈 꿀 때는 조금도 무섭지 않았지요
봄꿈 꿀 때는 조금도 힘들지 않았지요

봄날 귀여운 싹이 나는 꿈 꾸었지요
봄날 예쁜 꽃이 피는 꿈 꾸었지요
봄날 아기 열매 맺는 꿈 꾸었지요

꿈꾸니 신이 났지요
꿈꾸니 매서운 겨울도 겁나지 않았지요
꿈꾸니 커다란 도토리나무로 되었지요
(17. 12. 1)

눈雪은

빈부귀천 차별말고
하나되라 하네요

선악미추 분별말고
껴안으라 하네요

잠시인생 허송말고
아껴살라 하네요
(17. 12. 7)

겨울나무 앞에서

타고난 제 모습 그대로인
고요한 겨울숲 겨울나무 앞에서
화려했던 꽃 시절
빛나던 초록잎 시절
달콤 풍성했던 열매 시절 보지요

꽁꽁 얼어붙은 차디찬 겨울
모든 허울 내려놓은 겨울나무엔
이제 화려한 꽃잎도 가고
빛나던 초록잎도 지고
달콤 풍성한 열매도 사라졌지요

옹골지고 힘찬 생명씨앗 빚어내기 위한
한겨울 네 골방 어디 있느냐고 묻는다면
겨울숲 겨울나무에 있다고 말하고 싶네요

그 고독한 골방에서
나를 숨기고 가렸던
겉치레 훌훌 벗어 던져 버리고
겨울나무와 한 몸 되어

태곳적 하늘 이야기 듣고 싶네요

(15. 12. 12)

겨울답지 않는 겨울날에

자꾸만
부스럭 소리 나고
구시렁거리는 소리 들린 듯하지요
겨울답지 않는 날씨 때문이지요

봄처럼 포근하여
선잠 든 노린재 자꾸 하품하고
잠 못 든 개구리 이리저리 뒤척일 것만 같네요
아니나 다를까 무당벌레 방안 서성이네요

정말 이러다가 개구리와 벌레들이
제때 깜빡 잊고 기어 나와
정신없이 돌아다니다가
차디찬 칼바람에 얼어 죽을까 덜컥 겁이 나네요

정말 그리되면 어쩌지
괜한 조바심 긴장에 신경이 곧추서네요
아이고 참 걱정도 팔자일까요

(15. 12. 13)

동짓날

아직 어둠 속에서 잠들어 있는 빛씨앗이
동쪽 하늘에서 봄별로 떠오르고
새로운 해로 태어난다는 동짓날

옛사람은 진 빚 모두 갚고
묵은 마음 털어놓으며
새 기운으로 맞이했다는 동짓날

여전히 불안하고 우울하고
온기 하나 없이 꽁꽁 얼어붙은
한 줄기 빛마저 희미해진 이 세상

새날 새 기운 가득한
하늘 봄빛 한 아름 꿈꾸어 보지요
(14. 12. 22)

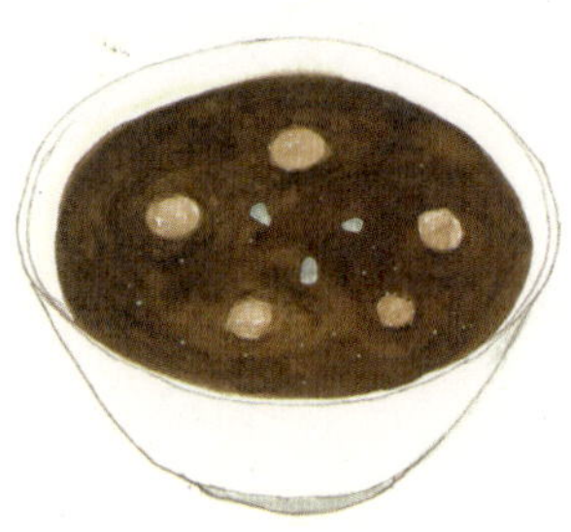

겨울눈芽 속에는

겨울눈 속에는
무엇이 들어 있을까요
아지랑이 하늘거리는
뜨거운 봄날 희망이
한가득 쌓아있지요

겨울눈 속에는
무엇이 들어 있을까요
초록 잎들 푸른 꿈이
눈부신 꽃들 화사한 꿈이
알찬 열매들 달콤한 꿈이
한 아름 담겨 있지요
(13. 12. 26)

겨울눈芽

겨울눈은 그리움이지요
긴 겨울 지나는 동안
그리움이 쌓여 배불러 가지요

그리움이 터져 새싹이 되고
그리움이 피어 꽃이 되고
그리움이 익어 열매가 되지요

그리움은
기다림이란 또 다른 이름이지요
(16. 1. 12)

삼한사온

씨앗 생명 속 봄 그리움 가득 채우고
따뜻한 꿈은 잃지 말고 힘내라 하네요

굳은 땅 흐물흐물 한껏 부풀리고
헐겁게 헐겁게 자꾸만 갈고 갈아
새봄 새싹 움트는 길 곱게 지어내네요

아뿔싸, 삼한사온 사라지면
봄 그리움 누가 채우고
새움 길 누가 지어낼까요
(16. 1. 3)

겨울나무

모든 걸 훌훌 내려놓고
추운 겨울 앞에 맨몸으로 서 있는 겨울나무
그대 모습은 어쩌면 그리 당당하고 아름답나요

멀리서 보면 한 나무처럼 보이지만
들여다보면 똑같은 모양 하나 없지요
다른 나무 비교하며 부러워하거나 기죽지 않고
오직 타고난 제 모습대로 열심히 살아가고 있네요

똑같이 사는 모습도 하나 없지요
늘 변하지 않고 새롭게 살지 않는 것도 하나 없지요
자기만 고집하며 서로 어울리지 않는 것도 하나 없지요

나무 일생은 씨앗 속에 있고
나무 일 년은 겨울눈 속에 있지요
혹독한 겨울 시련 견디어야만
이듬해 아름다운 꽃 알찬 열매 있기 때문이지요
겨울나무 겨울눈은 기다림과 그리움이고 꿈 희망이지요

겨울나무에 한겨울 추위는 선택사항 아니지요

나무만이 그렇지 않지요
살아 있는 모든 것들이 고통 시련 속에서
생의 마디마디 단단하게 매듭짓고 새 삶 얻기 때문이지요
(15. 1. 15)

자작나무새

한겨울 자작나무 숲에는
수많은 작은 새들 날고 있지요

누구나 볼 수 있지만
아무나 볼 수 없지요
순수한 마음이어야 하지요
맑은 눈빛이어야 하지요

오늘도 자작나무새는
순백의 당신 기다리고 서있지요
(16. 1. 28)

생명살이 이야기

맘살이

자연살이

맘살이

깨어있음

순간에서 영원을 보고
보이는 것에서 보이지 않는 것을 보고
열매 한 알에서 우주를 보고
일상에서 특별함을 보고
삶에서 죽음을 보고
중생에서 부처를 보는 것이지요

생명을 길들이지 말아요

생명은 길들이는 것이 아니지요
생명은 누가 만든 꼴에 억지로 맞추는 것도 아니지요

생명은 하늘 주신 그대로 사는 것이지요
생명은 타고난 본성 그대로 사는 것이지요
생명은 자기처럼 그대로 사는 것이지요

생명 중심은

가장 낮은 곳에 있고
가장 아픈 곳에 있고
가장 약한 곳에 있고
가장 부드러운 곳에 있지요

가장 흔한 것에 있고
가장 사소한 것에 있고
가장 당연한 것에 있고
가장 나누는 것에 있지요

너와 내가 서로 다른 것은

너와 내가 서로 다른 것은
서로 의지하고 도우며 살라는 것이지요

나와 내가 서로 다른 것은
서로 각자 다른 삶 모습으로 살라는 것이지요

너와 내가 서로 다른 것은
서로 분별 차별 말고 살라는 것이지요

너와 내가 서로 다른 것은
서로 비교 경쟁 말고 살라는 것이지요

살아있다는 것

이 세상에
가장 놀라운 일은
가장 즐거운 일은
가장 소중한 일은
바로 지금 살아있다는 것이지요

살아있다는 것이야말로
최고 기적이요
최고 선물이지요

이 엄청난 기적 선물은
그저 우연히
오지 않지요

살아간다는 것은
누군가 목숨을 먹는 일이지요
살아있다는 것은 수많은 죽음의 힘이지요
이것이 삶과 죽음의 참모습이지요

서로가 덕분에 살아있네

나는 내가 만들고 너는 네가 만든다고 하지만
실은 나는 그대가 만들고 그대는 내가 만든다네

나는 그대에게 속해 있어야 하고
그대는 내게 속해 있어야 한다네

그대가 있어 나는 살고 싶고
내가 있어 그대는 살고 싶어야 하네

끊임없이 묻고 또 물어야 할 말이 있다네
잊지 말고 늘 마음에 품어야 할 말이 있다네

나는 그대에게 누구이며 무엇인가
그대는 나에게 누구이며 무엇인가

봄 없이 봄

맘살이

언제나 보이는 것만 보면
언제나 보고 싶은 것만 보면
언제나 나누어서 보면
언제나 내 눈으로만 보면
언제나 껍데기만 보는 것이지요

언제나 보이지 않는 것을 보면
언제나 있는 그대로 보면
언제나 하나로 보면
언제나 나 없이 보면
언제나 참모습만 보는 것이지요

말랑 말랑한 사람

늘 따뜻해야 하고
늘 여유 있어야 하고
늘 부드러워야 하고
늘 만족해야 하지요

늘 새로워야 하고
늘 비워야 하고
늘 열려있어야 하고

늘 품어야 하지요
늘 아이어야 하고
늘 살아 있어야
말랑말랑한 사람이 되지요

말랑말랑한 사람은
그냥 좋은 사람이지요

이미 다 와 있는데

이미 다 와 있는데 자꾸만 더 가려 하네요
왜 어떻게 어디로 가야 하는지 모른 체
앞으로 나가지 않으면 넘어지는 자전거처럼
정신없이 자꾸만 앞으로 나가려고 하네요

이미 다 있는데 더 채우려 하네요
왜 어떻게 무엇을 채워야 하는지도 모른 체
입에 물고 손에 쥐고 또 두리번거리는 걸신처럼
밑 빠진 독 물 붓듯이 또 채우려고만 하네요

지금 내 모습 헤아려 봐요
보고 듣고 말하고 숨 쉴 수 있는 데
무슨 일이든 할 수 있고 어디든 갈 수 있는 데
무엇을 얼마나 더 채워야 그만두려는지 알 수 없네요

지금 이 자리 봐요
이 봄기운 조금이나 느낄 수 있다면 흥겨울 텐데
이 봄꽃 하나라도 더 들여 다 볼 수 있다면 설렐텐데
어디로 얼마나 더 가야 그만 가려는지 알 수 없네요

나는 이미 다 와 있고
나는 이미 다 있는데 말이지요

내 마음속 은자

은자는
싱그러운 숲 내음에 있고
소곤소곤 시냇물 소리에 있고
살랑살랑 봄바람에 있지요

은자는
땅 위 걷는 기적에 있고
이 순간 온 맘 다함에 있고
천진난만한 아이 미소에 있지요

은자는
함께 살려는 생명살이에 있고
서로 한 몸 된 생명나눔에 있고
서로 부처로 모시는 생명사랑에 있지요

그대 마음속에 아직

그대 마음속에 아직

그리움이 남아 있나요
애틋함이 남아 있나요
간절함이 남아 있나요
정겨움이 남아 있나요
따뜻함이 남아 있나요

기다림이 남아 있나요
보고픔이 남아 있나요
설렘이 남아 있나요
두근거림이 남아 있나요
울림 떨림이 남아 있나요

그대 마음속 아직

행복은

행복은 한 가지 색만 아니지요
빨간색도 노란색도 하얀색도 아니고
파란색도 초록색도 검은색도 아니지요

때로는 붉게도 노랗게도 하얗게도 보이고
때로는 파랗게도 초록으로 검게도 보이고
때로는 무지개색으로도 보이지요

행복은 모든 색이지요
모든 색이 모여 만든 조화로운 빛이지요
하나 색만 보이지 않는 햇빛처럼

사랑도 마찬가지지요
인생도 마찬가지지요
이것만 저것만이라고 말하지 말아요

행복은 어디에나 숨어 있으니까요
행복은 누구에게나 숨어 있으니까요
행복은 어느 때나 숨어 있으니까요

I kin ye

나는 누구에게 속해 있을까요
내가 속한 곳이 나를 결정하지요
관계 맺은 사람들이 나를 만들어 주지요

인간은 땅에 속해 있고
땅은 하늘에 속해 있고
하늘은 도에 속해 있고
도는 자연에 속해 있고
우리의 스승 노자는 말했지요

우리는 자연에 속해 있지요
물에 속해 있고
바람에 속에 있고
흙에 속해 있고
해에 속에 있고
풀나무에 속해 있지요

지금 나는 누구와 함께하고 있을까요
지금 나는 무엇에게 속해 있을까요
지금 묻고 또 물어야 살아야 하지요

신난다

신나게 살려면
신을 만나야 하지요

신을 만나려면
신이 되어야 하지요

내가 신이 되면
모든 것이 신이 되지요

모든 것을 신으로 만날 때
나는 언제나 신나지요

생명살이

홀로 살아갈 수 있는 생명 하나 없지요
수많은 너에 의해서 내가 살지요
나 아닌 너는 하나도 없지요
서로 함께 살아가야만 하지요
곧 너는 나이기 때문이지요

똑같이 태어난 생명 하나 없지요
타고난 자기 모습대로 살고 있지요
비교하거나 따라 살지 않아요
서로 다르게 살아가야만 하지요
오직 나는 나이기 때문이지요

한 생명

맘살이

저절로
태어난 생명 없고
우연하게
살아가는 생명 없지요

한 생명 태어나고
한 생명 살기 위해서는
숱한 생명 사랑 나눔과
숱한 생명 죽음이 있어야 하지요

한 생명 태어난다는 것은
온 우주 함께 태어나는 것이요
한 생명 살아간다는 것은
온 우주 함께 살아간다는 것이지요

그래서
이 세상 어느 한 생명도
귀하지 않은 존재 없고
놀랍지 않은 삶 없지요.

생명사랑

꽃을 만나면
꽃을 좋아하는 나보다는
꽃이 좋아하는 내가 되어야 하지요

나무를 만나면
나무를 좋아하는 나보다는
나무가 좋아하는 내가 되어야 하지요

나비 개구리 새를 만나면
나비 개구리 새를 좋아하는 나보다는
그들이 좋아하는 내가 되어야 하지요

너를 만나면
너를 좋아하는 나보다는
네가 좋아하는 내가 되어야 하지요

어떻게 살아야 네가 좋아하는 삶인지
내 맘이 아닌 네 맘으로 헤아려야 해요
내 살아가는 이유가 네게 있기 때문이지요

뭣이 중할까요

내가 내가 되는 일이
가장 쉬울 것 같은데
왜 이리 어려울까요
왜 그럴까요

내가 나로 사는 일이
가장 중요한 것 같은데
왜 딴 사람처럼 살았을까요
왜 그랬을까요

정말 나는 나인가
정말 내 삶인가
가장 큰 화두 아닐까요
뭣이 가장 중할까요

처음부터 우리는

우리는
처음부터 하늘이고
처음부터 부처이지요

서로를
하늘로 모셔야 하고
부처로 모셔야 하지요

언제나
하늘처럼 살아야 하고
부처처럼 살아야 하지요

아이처럼 살아요

맘살이

아이는 꿈이지요
아이는 꽃이지요
아이는 시인이지요

맑은 아이처럼
부드러운 아이처럼
순수한 아이처럼

아이 맘으로 생각하고
아이 눈으로 바라보고
아이 가슴으로 느껴봐요

아이는 늘 새로워해요
아이는 늘 궁금해요
아이는 늘 다정해요

아이에게 배워요
아이를 닮아요
아이처럼 살아요

별 그리움

그리움이 모이고
그리움이 깊어지고
그리움이 쌓이면
별이 된다고 하지요

그리움은
생명에 대한 애틋함
사랑에 대한 간절함이지요

그리움은
살아있음
살아가는 힘이지요

누구나 별을 가지고 태어나요
정말 살아있는 생명은
그리움이 별처럼 반짝거려요

살아가는 일은
자기 별을 반짝거리는 일
그리움 찾고 기르고 드러내는 일이지요

내 안에 그리움이 있나요
간절함 애틋함이 있나요
없다면 내 별은 사라진거지요

아이에게 최고 선물은
자기 별을 알게 하는 것
그 별을 반짝이게 하는 것이지요

쉼 없이 해야 할 공부는
내 별을 찾아 반짝이며
그리움으로 사는 일이지요

내 안에 그리운 별이 있나요
내 별은 얼마나 반짝거리고 있나요
누구에게 별이 되고 있나요

너도 보물 나도 보물

자연은 모두 보물이에요
오늘은 풀벌레 소리보물 찾아보아요

선생님! 말매미가 크게 우니
다른 풀벌레 소리가 그쳐 버렸네요
왜 그럴까?
말매미는 여름밖에 울지 못하니까
풀벌레가 말매미에게 양보한 거지요

아! 선생님은 보물 찾았어요
뭔데요?
방금 네가 한 말이 선생님 보물이야!

선생님 여기 예쁜 꽃이 있어요
선생님 여기 귀여운 벌레도 있어요
선생님 여기 시원한 바람도 있어요
선생님 여기 노래하는 물도 있어요

와! 보물들이 정말 많구나!
선생님은 왜 모두 보물이라고 해요

너희들이 보물이니
너희들이 본 것은 모두 보물이 되지요
(21. 백로)

밥값

밥값은 생명값이고
생명값은 생명빚이지요

밥 한 알만 먹는 게 아니라
밥 한 알을 만든
밥 한 알에 담긴
수많은 생명을 먹는 거지요

내 생명 만들어 살아가게 한
그 생명 소리 듣고 사는가요
그 생명 뜻 받들고 사는가요
그 생명 잘 모시고 사는가요

밥값하며 살아야 하지요
생명값하며 살아야 하지요
생명빚 갚고 살아야 하지요

불편한 진실

생명 이해가 깊어질수록
생명 사랑은 커지고
불편함은 늘어가지요

불편함이 더 있어야
내 생각은 바뀌고
불편함이 더 커져야
내 삶은 바뀌고
불편함이 더 커져야
우리 세상은 바뀌어요

생명 공부는 불편한 진실과 마주하는 것이지요
불편하지 않으면 살아있는 생명이 아니지요
왜냐면 이 세상은 생명 세상이 아니기 때문이지요

자 연 살 이

자연은

자연은 신비롭습니다
만나면 언제나 신납니다

자연은 아름답습니다
만나면 언제나 즐겁습니다

자연은 살아있습니다
만나면 언제나 새롭습니다

자연은 생명 보물입니다
만나면 언제나 행복합니다

자연은 시절 연인입니다
만나면 언제나 설렙니다

꽃부처

연지곤지 단장하고
진한 향기 내뿜으며
달콤한 꿀단지 품고
저만치 피어있는 들꽃

그리움 기다림으로
애타는 마음 가득하겠지만
아무런 들뜸 없이
한결같이 피어있는 들꽃

오늘 아니면 내일 오겠지
내일 아니면 내년에 오겠지
부처가 되어 버린 들꽃
나는 언제쯤 꽃부처 될까요

예쁜 꽃마음

너와 나는 한 몸이라는 마음이지요
다른 생명이랑 함께 살고 싶은 마음이지요
네가 아프면 내가 아픈 마음이지요
네가 있어야 내가 있다는 마음이지요
서로를 살리고 나누는 마음이지요

꽃처럼 살아야

왜 우리는
설렘으로 꽃을 찾고
즐거움으로 꽃을 보고자 할까요

서로가 서로를
꽃으로 알고
꽃으로 보고
꽃으로 대하며
꽃처럼 살고자 하는 것이 아닐까요

예쁜 꽃

예쁜 꽃 속에는 누가 살까요
따뜻한 해님이 살아요
부드러운 봄바람이 살아요
촉촉한 봄비가 살아요
귀여운 벌 나비가 살아요
꽃 같은 너와 내가 살아요

마음에는 평화 얼굴에는 미소

꾀꼬리 꼬로꼬로 히이오
마음에는 평화 얼굴에는 미소

박새 찌리찌리 찌리리
마음에는 평화 얼굴에는 미소

까치 까까깍까 까까깍
마음에는 평화 얼굴에는 미소

뻐꾸기 뻐꾹뻐꾹 뻑뻑꾹
마음에는 평화 얼굴에는 미소

살랑살랑 나뭇잎도
마음에는 평화 얼굴에는 미소

반짝반짝 아침햇살도
마음에는 평화 얼굴에는 미소

나도 두 손 모아 엎드리며
마음에는 평화 얼굴에는 미소

나무사랑

생명사랑
햇볕받아
아낌없이
내어주는
나무님은
누구보다
큰품으로
온몸으로
생명나눔
살아가네

제살먹는
벌레들도
마다않고
예쁜집도
지어주고
온갖생명
품고품어
모두모두
잘도잘도
키워내네

도토리는 꿈

도토리는 꿈이어요
도토리 어미 꿈이어요
모든 생명 꿈이어요

도토리는 꿈꾸어요
어미 닮는 도토리나무를 꿈꾸어요
온갖 나무 살아가는 커다란 숲꿈 꾸어요
모든 숲친구 함께 살아가는 초록세상 꿈꾸어요

도토리는 해달을 꿈꾸어요
도토리는 비바람을 꿈꾸어요
도토리는 다람쥐 어치를 꿈꾸어요
도토리는 벌레친구를 꿈꾸어요

도토리는 꿈이어요
모든 생명 꿈이어요
서로 함께 살아가는 아름다운 초록꿈이어요

개옻나무

옻나무가 아닌 개옻나무라고
갓 나온 잎 조금 씹어 보았지요

하루 지나자
얼굴에 뭔가 나기 시작했지요
또 하루가 지나자
가렵고 한쪽 눈 부어올랐네요

아주 조금 씹었을 뿐인데
어린잎이라고 순할 줄 알았는데
개옻이라고 탈 없을 줄 알았는데

개옻나무 역시 옻나무구나
개옻나무가 말했지요
함부로 네 맘대로 생각하지 말라고요

질경이

그대 이름은 질경이
질겨서 아니라 길에서 살기 때문이지요
어떤 목숨이 좋은 땅에서 살고 싶지 않으리오
남들이 살기 싫어 밟히는 땅에 스스로 살아가는
그대는 어느 고독한 수행자 후예인가요
질경이 그대는 부처 닮았구려

그대 옛 이름은 배짱이
사람과 짐승들에 마구 짓밟히고 차이지만
조금도 흔들리거나 굽힘 없이
언제나 꿋꿋하게 세상 맞서 살아가는
그대는 어느 고독한 혁명가 후예인가요
질경이 그대는 예수 닮았구려

서어나무숲

살아 있는 모든 생명은 나이를 먹지요
숲도 그렇지요
숲은 나이 듦에 따라서
숲 주인공이 바뀌어 가지요

서어나무는
오래된 숲 마지막 주인공이지요
그 무엇에도 쉽게 무너지지 않는
단단하고 강한 근육질 때문이지요

계양산 그곳에 가면
참혹한 전쟁 참화에도
끊임없는 인간들 등쌀에도
제 모습 잃지 않는 서어나무숲이 있지요

계양산 그곳에 가면
언제나 도란도란 작은 애기나리 벗 삼아
태고 초록빛으로 생명기운 가득한
계양산 정령들이 사는 서어나무숲이 있지요

참나무

살아 있는 몸뿐 아니라
죽어 있는 몸뚱이까지
다른 생명 밥이 되는
참나무는 생명 나무

세상에 생명 살리지 않은 나무 없지만
더 많은 생명에게 내어 살리고
더 많은 생명이 내어달라 조르는
참나무는 진짜 나무

어떤 분별 차별 없이 내려주는
해님 생명사랑 있는 그대로
온몸 내어 소신공양하는
참나무는 부처 나무

때를 알고 살아가는

시절인연 시절연인

초판 1쇄 / 2024년 5월 17일
지은이 / 유종반
펴낸이 / 윤미경
펴낸곳 / 도서출판 다인아트
출판등록 1996년 3월 8일 제87호
인천광역시 중구 제물량로232번안길 13
tel. 032+431+0268 / fax. 032+431+0269
e-mail. dainartbook@naver.com

ISBN 978-89-6750-157-0 03810
값 15,000원